Markus Treichler

Krankheiten und Krisen im Lebenslauf

Markus Treichler

Krankheiten und Krisen im Lebenslauf

Risiken und Chancen der Identitätsbildung heute

AmThor

ISBN 3-934104-00-2

1.Auflage 1999
Amthor Verlag
Grimmstr. 8
89522 Heidenheim

Umschlagillustration:
Henri Matisse, Visage féminin en face, 1948

Druck und Verarbeitung:
Grafik + Druck, München

Inhalt

„Die Geheimnisse der Lebenspfade darf
und kann man nicht offenbaren;
es gibt Steine des Anstoßes, über die ein jeder
Wanderer stolpern muß.
Der Poet aber deutet auf die Stelle hin.“

Goethe: Maximen und Reflexionen, Nr. 1058

Geheimnisvolles Leben du, gewoben,
aus mir und vielen unbekannten Stoffen,
geschieh' mir nur: mein Sinn ist allem offen
und meine Stimme ist bereit zu loben.
Wenn du mir weh tun willst,
so komm' und schneide mein Herz entzwei,
das tausendfach empfindet,
blende mein Aug' mit Brand, bis es erblindet;
ich glaube, daß ich wachse, wenn ich leide.
Und wachsen will ich um jeden Preis.
Reiß' mich hinauf an meinen Haaren,
drück' mich der Erde in den Schoß!
Nur laß' mich deinen Sinn erfahren,
denn ich vermute:
Du bist groß.
Laß mich nicht sterben, eh ich weiß,
wie sich der Tod zu dir verhält.
Ist er der Widerspruch der Welt?
Ist er ihr Heil?
Ist er ein Teil von dir, das Lebensteil?
Weil ich ihn so nur denken kann - im Leben.
Du mußt mir nicht sagen, wie alles ist.
Du mußt mir nur einige Zeichen geben
und mich mit allen Dingen verweben,
darinnen du verwoben bist.

Rainer Maria Rilke

Krankheiten und Krisen gehören zum Leben. Sie sind untrennbarer und unverzichtbarer Bestandteil unseres Lebenslaufes. Aber sind sie das unnötigerweise, sind es Störungen oder Defekte in einem sonst reibungslosen Ablauf? Ist es denkbar, daß eine biographische Krise oder eine Erkrankung einen Sinn hat im Leben? Oder gar Sinn gibt auf dem Weg unserer Identitätsbildung?

Was hat es mit dem Lebenslauf auf sich? Ich denke dabei - als Vergleich - an einen Flußlauf, der von seiner Quelle aus seinen Lauf nimmt, sich seinen Weg sucht. Er formt sich sein Bett, das ihn führt. Er findet seine Täler zwischen den Bergen, seine Ebene zum Ausruhen. Er springt über Steine oder trägt sie mit sich, er überwindet Wehre und Hindernisse, fällt manchmal metertief herab, um sich wiederzufinden und prägt mäandernd der Landschaft seinen Charakter ein. Er findet Freundinnen und Freunde in Bächen und Flüssen, mit denen er sich verbindet. Schwächere nimmt er in sich auf und läßt sie in seinem Bett fließen; größeren schließt er sich vertrauensvoll an, um den weiten Weg zur Mündung in ein Meer, das Ziel aller Ströme, zu erreichen. Nie steht der Fluß still, immer fließt, bewegt, entwickelt er sich auf sein Ziel zu. Nie steigt deshalb ein Mensch zweimal in denselben Fluß, wie seit Thales von Milet (6. Jhdt. v. Chr.) ein geflügeltes Wort sagt.

Trifft dieser Satz, trifft das Bild vom Fluß als Gleichnis nicht auch auf den Menschen und den Lauf seines Lebens zu?

Mit dem Lebenslauf des Menschen hat es eine besondere Bewandtnis. Einerseits ist er das Individuellste und Eigenste, das wir haben. Es ist unsere eigene Lebensgeschichte, mit der wir uns identifizieren und mit der wir identifiziert werden, die kein anderer sonst in dieser Weise hat. Auf der anderen Seite gibt es aber auch Gesetzmäßigkeiten im Lebenslauf, in die ein jeder Mensch eingebettet ist, denen er folgt, ob er es will oder nicht und ob er es weiß oder nicht. Wie der Fluß eben seinem Bett folgt, das Folge und Führer seines Laufes ist. So ist es auch mit den Gesetzmäßigkeiten in der Biographie. Sie wirken als etwas Überpersönliches in den persönlichen Lebenslauf hinein. Es sind zum Beispiel die Gesetzmäßigkeiten der biologischen, psychologischen und geistigen Entwicklung, die wir als biographische Entwicklung zusammenfassen können, und die sich in Phasen innerhalb der Lebenszeit eines Menschen vollzieht.

Wir können in einem ersten großen Überblick die 3 Phasen der primär körperlichen Entwicklung im ersten Lebensdrittel, der eigentlichen seelischen Entwicklung im zweiten Lebensdrittel (nach Abschluß der körperlichen Entwicklung) und der vorzüglich geistigen Entwicklung als Steigerung und Metamorphose der vorangegangenen Entwicklungen im letzten Lebensdrittel unterscheiden.

Wachstum, Entwicklung und Reifung der physiologischen Organleistungen bis zu einem Optimum um das 30. Lebensjahr (vgl. Tabelle 1) und ein allmähliches Nachlassen der physischen Leistungsfähigkeit im weiteren Leben ist ein Merkmal der körperlichen Entwicklung.

Zunehmend eigenständige, autonome, kreative und kritische Entwicklung, Differenzierung und Steigerung psychischer Fähigkeiten und Leistungen im Erleben, Gestalten und Bewältigen des psychosozialen Zusammenlebens in Privat- und Berufsleben, besonders während des mittleren Lebensdrittels, kennzeichnet die seelische Entfaltung.

Schließlich im letzten Drittel der Biographie: Metamorphose, Bildung und Vollendung oder Verwandlung oder Verzicht früherer Kräfte, Fähigkeiten und Bedürfnisse im Sinne der Reife eines geistigen, kontemplativen Lebens. Dies hat seine Qualität nicht in Kraft und Übermut der Jugend, nicht in Wissen, Können und Kämpfen des Schaffensalters, sondern in der Überschau und der Erfahrenheit der Altersweisheit. Das Leben wird reifer, dichter, kostbarer. Das Bewußtsein vom Ende läßt den Menschen das Wesentliche erkennen, macht ihn gelassen - und frei.

Dieser innere Schritt ist allerdings unter besonderen Voraussetzungen auch in früheren Lebensmomenten möglich.

Diese drei großen Lebensabschnitte, die - abhängig von der Gesamtlebenszeit - individuell sehr unterschiedlich dauern oder auch gar nicht entwickelt bzw. ausgelebt werden können, untergliedern sich noch einmal in die eigentlichen Lebensphasen. Jede Phase ist als ein biographischer Entwicklungsprozeß zu verstehen; jede Phase steht unter einem Thema und hat ein eigenes Entwicklungsziel.

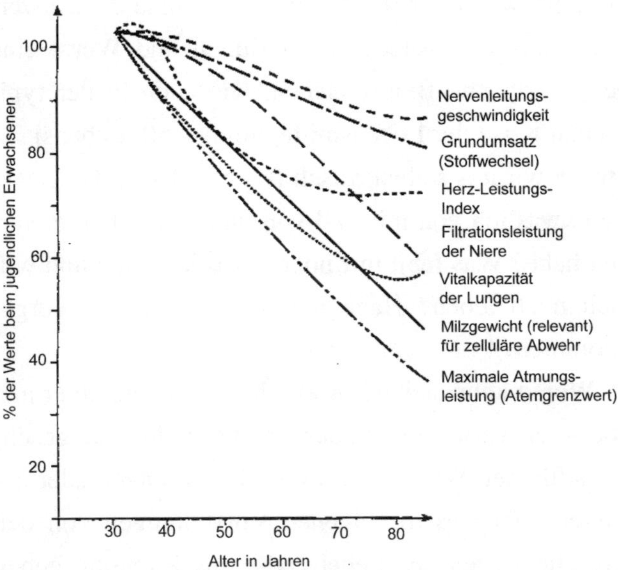

Altersabhängige Abnahme einiger charakteristischer funktioneller Werte (nach Shock) zit. nach: M.Treichler (Hrsg.) Biographie und Krankheit, Urachhaus 1995, S.188

Somit schließt eine Phase an die andere an, indem erworbene Fähigkeiten sich steigern, differenzieren und metamorphosieren können. Wer ist es, der das kann? Es ist immer, in allen Phasen, derselbe Mensch, die Individualität, die von sich weiß, die sich entwickelt, ihre Identität bildet, durch Risiken und Chancen, und die Verantwortung dafür trägt. Krisen markieren häufig den Übergang von einer Phase zur nächsten.

Die typischste Krise unserer Zeit ist die Orientierungskrise. Sie kann mit 18, bei unserer ersten beruflichen Lebensorientierung, auftreten, aber auch mit 30, wenn wir im Rahmen einer inneren Umwertung unserer bisherigen Prioritäten und Werte eine erste kritische Bilanz ziehen; wie auch in der typischen Krise der Lebensmitte, um das 50. Lebensjahr, wenn wir uns selbstkritisch fragen: „Ist es das gewesen, was ich von mir und von meinem Leben erwartet habe? Was fehlt mir noch - was kann ich und will ich noch leben? Habe ich mir noch etwas vorgenommen?“

Woran kann sich der Mensch orientieren, ob er nun beispielsweise 18, 30 oder 50 ist? Sind es die gesellschaftlichen Werte; sind es die Erwartungen „der anderen“; sind es die eigenen Vorstellungen von den Möglichkeiten des Lebens, die uns Richtung geben im Wirrwarr des schier unbegrenzt Erlaubten, aber nur eng begrenzt Möglichen?

Der 18-jährige Mensch wird seine Orientierung aus dem nehmen, was er erlebt hat und noch erleben möchte, was er als zu sich passend empfindet und seinen Idealen entgegenkommt. Der Elan und die Kraft seines jungen Lebens geben ihm recht - auch wenn seine Erfahrung naturgemäß noch gering ist. Gerade darin liegen ja die großen Chancen der Jugend, daß sie aus Mangel an Erfahrung vieles wagen können, wovon der Erfahrene abraten würde. Und daß sie eben diesen Mangel durch einen Überschuß an Begeisterung, Schwung und Optimismus ausgleichen und überbieten.

Eine jetzt 30-jährige Patientin, die sich von einem als sehr autoritär erlebten Vater und einer als „unterwürfig“ bezeichneten Mutter zu Unreife und Unmündigkeit erzogen fühlte, konnte sich 18-jährig für keine eigene Berufsausbildung entscheiden und erfüllte dann - ohne eigene Motivation - den Wunsch des Vaters und studierte Maschinenbau. Das Studium widerstrebte ihr total, sie fühlte sich immer wieder aufs Neue von ihrem Vater „vergewaltigt“, wenn sie sich mit Maschinenbau beschäftigte (ihr Vater war Personalchef einer Maschinenbaufirma). Nach zwei Jahren entwickelte sie heftig schmerzhafte Eierstockzysten (Ovarialzysten), so daß unter dem Eindruck ihrer akuten Erkrankung sie selbst wie auch die Eltern von der Maschinenbauausbildung Abstand nehmen konnten. „Jetzt erst durfte ich etwas anderes lernen.“ Die Entzündung klang wieder ab, und sie begann eine Ausbildung nach ihrer Wahl, die sie inzwischen abgeschlossen hat und in dem Beruf arbeitet. Trotzdem leidet sie, 10 Jahre später, wieder an einer Identitätskrise mit der existentiellen Unsicherheit, ihre innere Orientierung im Leben wieder verloren zu haben.

In diesem, wie in vielen anderen Fällen, kommen Erkrankungen als Signale, als Wegweiser bei Nicht-Entscheidungen oder Pseudo-Entscheidungen zu Hilfe. Damit der Mensch daran aufwachen und sich besinnen, auf eine Neuorientierung einrichten kann.

Der 30-jährige sucht seine Orientierung im kritischen rationalen Abwägen möglichst aller denkbaren Varianten; das Alte wird radikal in Frage gestellt; das Neue auf seine Haltbarkeit, auf seinen Klang abgeklopft. Die Entscheidung fällt für diejenige Lösung, deren Klang nicht hohl, sondern vielversprechend voll ist. Das Entscheidungsmoment hat sich von innen (beim 18-jährigen) nach außen verlagert, vom subjektiven Erleben und Erleben-Wollen zum objektiven und faktisch Vorteilhaften, was wir gerne „richtig“ nennen. Gerade in diesem Alter, um das dreißigste Jahr, scheinen die Entscheidungen und die Verhältnisse immer komplizierter zu werden.

„Wir sind alle komplizierte Menschen. Wir haben eine vielschichtige Psyche, gerade, weil wir in erster Linie Verstandsmenschen sind.“ So sagt es der 28-

jährige Zamyslow in Maxim Gorki's „Sommergäste". Und Gorki schreibt dazu weiter: „Die Menschen sind sehr kompliziert, und leider glauben viele, daß dies sie verschönt. Aber Kompliziertheit ist nichts als Buntscheckigkeit, die zum Zwecke der Anpassung an jede beliebige Situation, das heißt zum Zwecke der 'Mimikry', natürlich sehr bequem ist. ... Die Kompliziertheit ist das traurige und widernatürliche Resultat der äußersten Zersplitterung der 'Seele' durch die Lebensbedingungen der bürgerlichen Gesellschaft." (Maxim Gorki „Über Theaterstücke", 1933, Zitat nach Programmheft „Sommergäste" Landestheater Tübingen 1999). Heute können wir uns von diesem Satz immer noch angesprochen fühlen - und würden zwanglos anstelle der „bürgerlichen Gesellschaft" die postmoderne Gesellschaft setzen.

Der 50-jährige Mensch sucht seine Orientierung wieder anders: „Zweiundfünfzig. Hier ganz oben in der Mitte zu stehen, muß die glücklichste Zeit sein. Ich meine, es ist das einzige Mal, daß man einen Rundblick von 360 Grad in alle Himmelsrichtungen hat. Wow! Was für eine Aussicht!"

So läßt es der zeitgenössische amerikanische Dramatiker Edward Albee eine seiner „Three tall women" (Drei starke Frauen) sagen. (Zitat nach G. Sheehy 1996 S. 195).

Was für eine Aussicht, was für einen einmaligen Überblick hat der Mensch in diesem Alter: Er kann vor- und zurückschauen, seitwärts rechts und links, unter sich, über sich und in sich. Und er kann aus diesen Einblicken etwas mitnehmen: Nämlich gerade die Hinweise auf seine Lebensorientierung, die bis dahin noch in Dunkel und Nebel verborgen lagen, oder vor lauter Nähe übersehen wurden.

Der 18-jährige entscheidet primär empfindungsmäßig aus dem Erleben der Gegenwart und dem Planen, Wollen und Träumen seiner Zukunft. Der 30-jährige entscheidet aus einer Bestandsaufnahme des Ist-Zustandes unter Berücksichtigung, woher es so geworden ist - mit der Frage, ob es so weitergehen soll. Gegenwart und Vergangenheit öffnen sich seinem kritischen Verstandesblick - von hier aus wird die Zukunft gedacht und überwiegend im Kopf entschieden und geplant.

Dem 50-jährigen bietet sich ein anderer Blick als Entscheidungsgrundlage: Er kennt seinen Standort, sieht von da in die hinter ihm liegende Lebenslandschaft und schaut auch die vor ihm liegende, von ihm noch unbearbeitete Gegend mit unter Umständen neuen Lebensaufgaben, Risiken und Chancen. Entschließt er sich, so soll und kann er dies - mehr als in früheren Jahren - im Bewußtsein der Folgen tun; der 30-jährige hat mehr ein Bewußtsein von der richtigen Absicht, dem guten Vorsatz (rationale

Chance); der 18-jährige lebt und wählt seine Entschlüsse im Bewußtsein seiner Wünsche (emotionale Chance). Der 50-jährige kann sich für die Folgen seiner Entschlüsse, Wünsche und Handlungen entscheiden (motivationale Chance - vgl.Tabelle S.19-20), die der 18-jährige oft noch nicht einmal ahnen kann. Während der 30-jährige häufig an die Folgen gar nicht denkt, wenn er von seiner Planung eingenommen ist.

Die Orientierungsgrundlagen wachsen also mit und geben uns immer einen anderen Rahmen. Dabei bleibt es an uns, an der um Identitätsbildung ringenden Person, an dem sich entwickelnden und verwirklichenden Ich, wie es den Lebensrahmen ausfüllt, oder ihn sprengt, über ihn hinauswächst. Denn auch das ist dem Ich möglich. Das Ich ist es also, das Orientierung sucht im Leben, entsprechend den Möglichkeiten der individuellen seelischen Entwicklung. Das Ich ist es aber auch, das Orientierung gibt, in den persönlichen Entscheidungen und Wertsetzungen.

Orientierungshilfen kann das Ich bekommen in Gesprächen und Begegnungen mit Menschen. In Auseinandersetzung, in Identifikation und Abgrenzung von anderen, die wir dazu allerdings mit Interesse wahrnehmen und kennenlernen müssen und auf die wir uns in Offenheit und Vertrauen, mit dem Mut zu Selbstkritik und Lernbereitschaft einlassen müssen. Soziale, zwischenmenschliche Lernfähigkeit und Entwicklungsbereitschaft sind wichtige Voraussetzungen für eine gelingende Orientierung im Leben.

Die Beschäftigung mit Kunst, Musik, Dichtung, Literatur und Theater zum Beispiel, mit den Geisteswissenschaften, Philosophie, Anthroposophie, Psychologie und Geschichte, mit Religionen und Weltanschauungen, aber auch mit der Natur, mit Ökologie, der Evolution, mit Anthropologie, Astronomie und Kosmologie können wichtige Orientierungshilfen bieten. Die Auseinandersetzung und Arbeit beispielsweise mit einer dieser Künste oder Wissenschaften gibt dem suchenden und fragenden Menschen vielleicht Antworten; vielleicht aber auch - und das ist noch besser - weitere und tiefere Fragen und dabei das Gefühl, auf einem guten Weg zu sein, auf einem Weg, der noch weiter führt. (Natürlich muß bei all den genannten Möglichkeiten jeder seinen eigenen Zugang, seinen Bedürfnissen und Interessen entsprechend, suchen). Die Möglichkeit, sich mit Gestalten der Literatur, mit Romanfiguren von H.Hesse, Th.Mann, R.Musil, I.Bachmann, M.Frisch, oder A.Tabucchi beispielsweise identifizieren zu können, in einer Phase, einem Entwicklungsabschnitt des Lebens, kann eine wichtige Hilfe bei der Identitätsbildung sein. Schließlich können in besonderen biographischen Situationen, Phasenwechseln oder

Herausforderungen auch Krankheiten des Körpers oder Krisen der Seele dem Ich Orientierungshilfen geben. Indem sie existentielle Fragen aufwerfen; den Menschen von den Ablenkungen des alltäglichen Lebens weg und ihn auf sein Zentrum hinlenken: auf die Fähigkeit, zwischen Wesentlichem und Unwesentlichem im Leben zu unterscheiden und das eigene Wesentliche auch selbst bestimmen zu können.

Auf einer Übersichtstabelle sind einige psychische Krisen und Erkrankungen im Zusammenhang mit Lebensphasen und Phasenthemen zusammengefaßt.

Lebensphasen	**Phasenthemen- und Ideale**	**phasentypische Krisen und Erkrankungen**
Kindheit	• Urvertrauen bilden in der Begegnung mit den Eltern • sich in der Nachahmung finden • sich im Leib verwirklichen	• Angst • Autismus • Ernährungsstörungen
Jugend	• sich im Leib neu entdecken • sich in Beziehungen zu anderen suchen und abgrenzen • sich nach sich selbst fragen	• Aggression • Pubertätskrise • Anorexie • Depression • Identitätskrise
Adoleszenz (Anfänge des Erwachsenseins)	• sich eigenständig orientieren • sich Pläne machen • sich im Tun versuchen	• Unselbständigkeit • Zweifel • Abhängigkeiten • Sucht, Bulimie • Entwicklungskrise • Ablösungskrise

Lebensphasen	**Phasenthemen- und Ideale**	**phasentypische Krisen und Erkrankungen**
Erstes Erwachsenenalter Blüte des Erwachsenseins reifes Erwachsensein	• emotionale Chance sich zu verwirklichen: Ausbildung, Beziehung, Partnerschaft • rationale Chance: weitreichende Entscheidungen • Durchsetzungskraft mit Rat und Tat • klare Entscheidungsfähigkeit • motivationale Chance:Gestaltungskraft, Überzeugungskraft, Durchhaltekraft	• Ängste • Phobien • Zwänge • Beziehungskrisen • Depressionen • Sinnkrise • Enscheidungskonflikte: Beruf-Familie Karriere - pers. Entwicklung • Beziehungskrisen • *Lebensmittekrise* • Orientierungskrise • existentielle Krise • Identitätskrise • Depressionen
Beginnendes Alter Blüte des Alters hohes Alter	• neuer Idealismus • Vertiefung der Gefühle • Verinnerlichung • „von der Emotion zur Devotion" • Altersweisheit • Erfahrenheit • erweiterte Gesichtspunkte • Überblick von Wissen und Können • innere Gelassenheit und existentielle Gerichtetheit im So-Sein	• Reifungskrisen • Ängste • Depressionen • Krise der Loslösung • Isolation • Identitätskrise • Vergeßlichkeit • vorzeitiges Nachlassen der seelisch-geistigen Kräfte • Alterskrise • Alterswahn • Unruhe • Desorientiertheit • Demenz

Anmerkung.: Es kommt bei diesen Lebensphasen nicht so sehr auf das Alter an als vielmehr darauf, daß der Mensch die Phasen nacheinander durchläuft, denn sie entwickeln sich auseinander und bauen aufeinander auf. Wichtig ist, daß wir nicht in einer Phase stecken bleiben. Darauf können wir bei uns selbst und unseren Mitmenschen achten und eventuell Hilfestellungen geben bzw. annehmen.

In der Begegnung und Auseinandersetzung zwischen (objektivem) Ereignis und (subjektivem) Erlebnis, zwischen Fakt und Vorstellung, zwischen überpersönlichen Gesetzmäßigkeiten, allgemeinmenschlichen Gegebenheiten und individuellen Voraussetzungen, Wünschen, Zielen und Fähigkeiten ereignet sich Schicksal im menschlichen Leben. „Alles wirkliche Leben ist Begegnung", sagt Martin Buber. Aus Begegnung Gestaltung zu entwickeln und zu wandeln ist Lebensaufgabe.

Lebenslauf

Größers wolltest auch Du, aber die Liebe zwingt
All uns nieder, das Leid beuget gewaltiger,
Doch es kehret umsonst nicht
Unser Bogen, woher er kommt.

Aufwärts oder hinab! herrschet in heilger Nacht,
Wo die stumme Natur werdende Tage sinnt,
Herrscht im schiefesten Orkus
Nicht ein Grades, ein Recht noch auch?

Dies erfuhr ich. Denn nie,
sterblichen Meistern gleich,
Habt ihr Himmlischen, ihr Alleserhaltenden,
Daß ich wüßte, mit Vorsicht
Mich des ebenen Pfads geführt.

Alles prüfe der Mensch, sagen die Himmlischen,
Daß er, kräftig genährt, danken für Alles lern,
Und verstehe die Freiheit,
Aufzubrechen, wohin er will.

Friedrich Hölderlin

Lebensentscheidungen

Zum Schicksal eines jeden Menschen gehören Entscheidungen, die er in seinem Leben zu treffen hat und die den weiteren Lebensgang wesentlich bestimmen und prägen; so z. B. die großen und tragenden Entscheidungen über Ausbildung, Beruf, Beziehungen, Partnerschaft, Ehe, Familie, Karriere. Allerdings können auch die scheinbar unwichtigen und wenig reflektierten Entscheidungen oder Festlegungen und Gewohnheiten für Hobbys und Freizeitgestaltung das Leben mitprägen - und im Laufe der Jahre immer gravierender. Gerade auch das Fehlen eines Hobbys oder einer als sinnvoll erlebten Freizeitgestaltungsmöglichkeit macht sich oft kritisch bemerkbar. Schließlich liegen in jedem Menschen unterschiedliche kreative Ressourcen, die, werden sie entdeckt und gepflegt, im Ausgleich zur beruflichen Tätigkeit oft eine hilfreiche, ja sogar therapeutische Kraft entfalten können, und den Menschen in seiner biographischen Selbstgestaltungskompetenz fördern können. Umgekehrt kann das Brachliegenlassen dieser kreativen Ressourcen, das Nichtentwikkeln von körperlichen oder seelisch-geistigen Fähigkeiten und Lebensmöglichkeiten in der persönlichen Freizeit zu Entwicklungshemmungen und biographischen Mangelphänomenen führen.

Wie treffen wir die großen und für unser Leben bedeutungsvollen Entscheidungen? Wir überlegen und wägen ab, was dafür und was dagegen spricht, indem wir Argumente sammeln und Gründe für unsere Entscheidung suchen. Haben wir gute Gründe und Argumente, so fühlen wir unsere Entscheidung gut begründet. Wenn ich sage, Gründe für die Entscheidungen suchen, so klingt es so, als hätten wir schon irgendwo unsere Entscheidung und müßten sie - nur noch - begründen (vor uns selbst - vor den anderen). Falls es so ist, wo käme denn die Entscheidung her, wenn nicht von den Argumenten und Gründen?

Spielt nicht tatsächlich noch ein anderes Element bei unseren Entscheidungen oft eine wesentliche Rolle, ein ganz und gar nicht rationales Element, nämlich unsere Gefühle? Ist es nicht gerade ein gutes oder ein ungutes Gefühl, das uns eine Entscheidung und die Suche nach den entsprechenden Argumenten nahelegt? Dieses emotionale und ganz subjektive Element gibt unseren Entscheidungen oft die nötige Sicherheit; es ist ein *Gefühl* von Sicherheit, von Richtigkeit, von Angemessenheit, das uns bei Entscheidungen leitet. Fehlt diese subjektive Gefühlsqualität, so gibt es entweder rationale, kühle Sachentscheidungen - oder gar keine. Nicht-Entscheidungen sind gerade in zwischenmenschlichen Beziehungssituationen häufig anzutreffen. Ihnen liegen immer Unentschiedenheit aufgrund subjektiver emotionaler Ambivalenzen zugrunde. Das heißt, unser Gefühl sagt uns nichts Klares, nichts Eindeutiges, es hilft uns nicht beim Finden der überzeugenden Gründe. Wir *fühlen* keinen tragenden Grund für eine Entscheidung und entscheiden dann nicht - in der Hoffnung, Erwartung oder Angst, daß dann andere für uns - oder gegen uns - entscheiden. Natürlich ist eine Nicht-Entscheidung auch eine Entscheidung. Aber eine passive und negative, denn das Urteil fällen dabei die anderen.

Mit dem Abwägen von Gründen und Argumenten und dem subjektiven Fühlen allein sind wir aber noch gar nicht wirklich entscheidungsfähig. Denn Entscheidungen haben Folgen, Konsequenzen für uns und andere, und von diesen Folgen kommt wieder Spürbares und nicht immer Vorhersehbares auf uns zurück. Diese Folgen und Konsequenzen zu tragen, dafür einzustehen und die Verantwortung zu übernehmen ist unabdingbar für eine echte Entscheidungsreife. Dieses Zu-Den-Folgen-Stehen erfordert Kraft, Stärke, Standfestigkeit. Eine innere Überzeugung hilft wesentlich dabei, die Durchhaltekraft zu entwickeln. Fehlt die innere Überzeugung, mangelt es an der Bereitschaft für die Folgen einzustehen und die Konsequenzen zu tragen, so kommt es zu Pseudo-Entscheidungen. Das sind oberflächliche Zustimmungen oder Ablehnungen, Entscheidungen, deren Folgen nicht getragen werden wollen oder können. Entscheidungen folglich, die nicht tragfähig sind, die widerrufen werden, auf die kein Verlaß ist.

Gelingt es uns bei biographisch wichtigen Entscheidungen, die Gründe Pro und Kontra souverän, unter Umständen mit Hilfe von befreundeter oder auch professioneller Seite, abzuwägen, dabei auf unsere „innere Stimme des Gefühls", auf die Sprache unseres Herzens zu hören, dann werden wir wissen, ob wir die Folgen unserer Entscheidung wollen und natürlich werden wir dann auch zu den Folgen unserer Entscheidung stehen können und die Verantwortung tragen wollen. Solche Entscheidungen sind biographisch richtige und gute Entscheidungen; sie können und werden sich im Lebenslauf fruchtbar auswirken und entwickeln. Und sie tragen wesentlich bei zu einer gelingenden Identitätsbildung.

Im Lauf des Lebens bieten sich dem Menschen heute mehrmals wesentliche und biographisch folgenreiche Entscheidungssituationen, die vor 50 Jahren und früher noch stark von gesellschaftlichen Zwängen, Traditionen und familiären Voraussetzungen bestimmt waren:

- Die Art des Schulabschlusses,
- die Berufsausbildung,

- die Wahl der beruflichen Tätigkeit, der Arbeitsplatz,
- Beziehungen und Partnerschaft,
- Ehe und Familienplanung
- Karriereplanung,
- private und berufliche Prioritäten- und Wertsetzungen,
- berufliche Neuorientierungen im Lauf des Lebens,
- Berufswechsel,
- evtl. eine neue Ausbildung,
- persönliche Neuorientierungen,
- Erlernen und Entwickeln neuer Fähigkeiten und Qualitäten (lebenslanges Lernen),
- Berücksichtigen der persönlichen Entwicklung, bei sich wie bei anderen,
- Erleben biographischer, gesellschaftlicher und beruflicher Veränderungen.

Wie stelle ich mich dazu - wie kann und will ich darauf antworten?

Welche Fragen stelle ich mir in der Auseinandersetzung mit der eigenen Biographie: Was wollte ich - wie und was habe ich gelebt - was habe ich ungelebt gelassen - was will ich noch zu leben versuchen, und wie will ich es - was will ich verändern, und wie - was kann ich mir noch vornehmen im Leben - was ist vorbei - welche Ziele sehe ich noch für mich . . .

> Wir sollen nicht wissen, warum
> dieses und jenes uns meistert;
> wirkliches Leben ist stumm,
> nur, daß es uns begeistert,
> macht uns mit ihm vertraut.
>
> *Rainer Maria Rilke*

Drei für die Identitätsbildung kritische Schwierigkeiten bei biographischen Entscheidungen gibt es, die zu verschiedenen Zeiten und unter unterschiedlichen Vorzeichen bei der Entscheidungsfindung auftreten können (vgl. G.Nunner-Winkler, Lit. Nr. 18).

Erstens: *Fehlentscheidungen.* Sie liegen dann vor, wenn die Gründe, das Für und Wider, nicht genügend beachtet und bedacht wurden, wenn „man hätte sehen können", daß zum Beispiel für die Ausbildung andere Fähigkeiten oder andere Motive, für eine neue Stelle oder berufliche Position andere professionelle oder persönliche Voraussetzungen, bei einer Beziehung oder Partnerschaft andere Bedürfnisse oder Erwartungen vorrangig und schließlich entscheidend sind. Wenn dieses, was „man hätte sehen können“ bei einer kritischen bzw. selbstkritischen Würdigung, übersehen bzw. nicht erkannt wird, werden Fehlentscheidungen getroffen. Fehlentscheidungen sind biographisch allerdings nicht schlimm. Sie sind einsehbar, korrigierbar, und die Betroffenen können Wichtiges daraus lernen. Voraussetzung ist allerdings, daß man sich seine Fehlentscheidung eingesteht und sie anerkennt; sie nicht verdrängt, verleugnet, ignoriert, schönredet oder überspielt. Oft sind Fehlentscheidungen noch reversibel, also auch in den Lebenszusammenhängen korrigierbar und „wiedergutzumachen.“ Gerade bei irreversiblen, im Leben nicht mehr, nur in der Seele korrigierbaren Entscheidungen, kommt es auf die Einsicht und Anerkennung der Fehlentscheidung an, wenn das Risiko bei der Identitätsbildung zur Chance verwandelt werden soll.

Die Entscheidung einer jungen Frau für Beruf und Karriere und gegen eigene Kinder kann zu einer Fehlentscheidung werden, wenn diese Frau mit 45 Jahren bemerkt, daß sie doch gerne eigene Kinder hätte und auch früher schon gerne gehabt hätte, vor 20 Jahren aber andere Motive bevorzugt und die Mutterwünsche verdrängt hatte. Anerkennt sie für sich ihre - aus jetziger Sicht - Fehlentscheidung zur Kinderlosigkeit oder versucht sie, ihre Gefühle und

Wünsche zu tuschieren und zu überspielen? Nur in diesem Fall wird die Fehlentscheidung, bzw. ihr Umgang damit, zu einem Risiko, zu einer Krise der Identitätsbildung. Dann erlebt sie zum Beispiel ihre Lebensaufgabe verfehlt, empfindet eine Selbstwertkrise. Anerkennt sie die Veränderung ihrer Motive und den Wechsel ihrer Prioritäten, geht sie wach und fragend damit um, dann kann sie die vergangene und irreversible Fehlentscheidung in ihr jetziges Leben integrieren und zu einer inneren Wandlung gelangen, die eine positive Chance für die Identitätsbildung und eine neue Lebensgestaltung darstellt.

Der umgekehrte Fall: Eine junge Frau hatte sich zu einer beruflichen Laufbahn entschlossen, mehrere Schwangerschaften hatten ihr aber die Möglichkeit einer Karriere genommen. Schließlich spürte sie, anläßlich einer Erschöpfungssituation, die Notwendigkeit der selbstkritischen Befragung und Aufarbeitung ihrer früheren und der heutigen Motive und Bedürfnisse, um zu Bestätigung oder Veränderung ihrer Lebenssituation zu kommen - also zum Wiedereintritt in den Beruf oder zu einer zweiten Ausbildung, oder zum Entdecken anderer Aufgaben und Möglichkeiten der Selbstverwirklichung - in jedem Fall aber zu innerer Akzeptanz von Wunsch und Realität und damit zur Chance der Identitätsbildung.

Zweitens: *Nicht-Entscheidungen.* Wie schon erwähnt, kommt es bei emotionaler Ambivalenz, bei gefühlsmäßiger Unentschlossenheit, bei innerem Hin- und Herschwanken, zur Aufgabe der Entscheidungsfähigkeit, zum Abwarten, zum passiven Hoffen auf eine Lösung ohne eigenes Zutun. Damit ist die Gefahr eines Verlustes an Selbstbestimmung und Selbstgestaltung der Biographie verbunden. Die Identitätsbildung droht an diesem Punkt des Lebens zu mißglücken. Als Warnsignal und Chance treten in solchen biographischen Momenten Krankheiten auf. Ich denke dabei an einen Patienten, der im Laufe einer sich langsam und subtil entwickelnden Beziehungskrise seine im Berufsleben noch ungeschmälerte Entscheidungsfähigkeit im Privatleben völlig verlor - allerdings überlagert von dem Bild einer dramatisch erscheinenden Herzphobie. Das Erkennen der Zusammenhänge, warum sein Herz ihn lähmte, gab ihm die Kraft zu einer persönlichen Entscheidung. Die Herzphobie war damit ebenso überwunden wie die Partnerkrise.

Verstehen wir die Krankheit, die Sprache der Symptome, das, worauf sie hindeuten, als eine Anrede an uns selbst, an unser Ich im lebenslangen Identitätsbildeprozeß, so kann auch aus einer zurückliegenden Nicht-Entscheidung noch eine Entscheidung für die Zukunft werden: Im Begreifen des biographischen Sinns und im Annehmen der Aufgabe von Krise und Krankheit. Im Sich-Angesprochen-Fühlen von den Zeichen der Krankheiten und im Rede- und Antwort-Stehen vor dem eigenen Ich.

Drittens: *Pseudo-Entscheidungen.* Dabei handelt es sich, wie schon gesagt, um die Unfähigkeit, Unmöglichkeit oder fehlende Bereitschaft des entscheidenden Ich, sich mit den Folgen seiner Entscheidungen zu verbinden oder verbinden zu wollen. Anpassungsentscheidungen, Mitschwimmen im Strom eines Meinungsbettes, Nachgeben und Kompromisse ohne Überzeugung, Entscheidungen ohne Standfestigkeit, auf „wenn und aber" gebaut, brüchig von Anfang an und von sehr begrenzter Haltbarkeit sind die Erscheinungsformen von Pseudo-Entscheidungen. Widerruf, Korrektur, Neuformulierung und Wiederholung (des gleichen Fehlers) in leicht veränderter Gestalt sind ihre unverkennbaren Symptome. Auch in diesen Situationen führen oft Krankheiten und Krisen zu schmerzhaftem Erwachen.

Eine meiner Patientinnen beispielsweise, die sich in einer lang hinziehenden und aufreibenden Partnerkrise befand, fühlte sich, von Ratschlägen und Ereignissen geschüttelt und verwirrt, zu immer wieder ähnlichen Varianten von Pseudo-Entscheidungen veranlaßt, die sie nie aus sich, sondern immer aus Angst getroffen hatte. Bis im Laufe von Jahren wiederholte Erkrankungen und Unfälle mit Verletzungsfolgen sie tatsächlich schrittweise zu ihrer echten

Entscheidungsfähigkeit hinführten. Die Patientin selbst hatte die Ereignisse als eine Folge von Signalen bis zu ihrer eigenen bewußten biographischen Weichenstellung verstanden.

Offensichtlich bewirken auch Pseudo-Entscheidungen Risse in der Identitätsbildung im Lebenslauf. Einsichten (z. B. durch Erkrankungen gefördert oder durch Krisen provoziert), die zu nachholenden Entschlüssen oder zu neuen Orientierungsmöglichkeiten führen, sind das Material, mit dem diese Risse wieder gekittet werden können.

Krankheiten und Krisen gehören also notwendig zu unserem Lebenslauf. Gerade sie, die ungerufen kommen und unser vorher vielleicht unbeschwertes Leben beschweren, können unsere Aufmerksamkeit steigern und zu Fragen Anlaß sein. Zu Fragen, die wir uns im gewöhnlichen und gewohnten Leben meist nicht so radikal stellen, wie z. B. die Frage eines 35-jährigen Patienten von mir, der im Rahmen einer psychosomatischen Erkrankung, eines chronischen Erschöpfungssyndroms, die Frage in sich erlebte: „Wie kann ich mich mit meinem Beruf wieder richtig verbinden? Kann ich Gesichtspunkte erkennen für neue Entscheidungen im Beruf, aber auch in der Partnerschaft? Wie kann ich zu Ich-Gestaltungen in meinem Leben kommen?“ Es ist die Frage nach der Identitätsbildung im Lebenslauf.

In jedem Lebenslauf, in jedem Menschenleben, gibt es zu jeder Zeit äußere und innere Aspekte, äußere Ereignisse und innere Erlebnisse. Sicher denken wir oft, daß es die äußeren Ereignisse sind, die bemerkenswerten Geschehnisse, die prägenden Fakten, die uns in unserem Leben bestimmen, die unseren Lebenslauf, und vielleicht sogar unseren Charakter, unser Wesen prägen. Es ist aber, wie sich aus der Biographieforschung ergibt, gerade anders herum: Es sind die inneren Erlebnisse, die inneren Aspekte eines Menschenlebens, an denen sich der Mensch entwickelt und aus denen er reift; die inneren Antworten auf die äußeren Ereignisse sind das Wesentliche für die biographische Entwicklung und Identitätsbildung.

Die äußeren, gesellschaftlichen und kulturellen, historischen, beruflichen, sozialen und persönlichen Gegebenheiten waren in früherer Zeit recht stabil und bildeten feste Vorgaben und Leitlinien der beruflichen, gesellschaftlichen, religiösen und privaten Orientierungen. Damit war in früheren Jahrhunderten bis in das erste Drittel unseres 20. Jahrhunderts hinein wenig Freiheit und individueller Gestaltungsraum für biographische Entscheidungen und Identitätsbildung gegeben. Der Mensch war eingebettet, getragen und geprägt von Traditionen und überlieferten Erwartungen. Der persönliche „Ich-Gestaltungsraum“ war klein und eng.

In dieser Beziehung hat sich die Situation in den letzten Jahrzehnten dramatisch verändert. Im Zuge unseres gesellschaftlichen, kulturellen und technologischen „Postmodernisierungsschubs“ haben wir uns heute von vielen alten Vorstellungen und Erwartungen befreit, von Traditionen verabschiedet, von vorgegebenen stabilen Entwicklungswegen entfernt. Berufswahl und Partnerwahl, Zeitpunkt der Familiengründung oder des Kinderkriegens, Kindererziehung und Partnerwechsel bzw. Ehescheidungen werden heute sehr viel freier und unabhängiger von elterlichen oder anderen überlieferten Anschauungen gehandhabt, werden zeitlich variabler, gesellschaftlich offener und individuell souveräner und selbstsicherer gelebt und besonders von Frauen mit sehr viel Gewinn an Reife und Identitätsbildung erlebt. Infolge der Zunahme an Risiken und Chancen haben wir einen gewaltigen Zugewinn an Freiheit, Selbstbestimmung und Selbstgestaltung, an autonomer Identitätsbildung erfahren. Allerdings zu dem - gern übersehenen - Preis der Verunsicherung, der Destabilisierung, der Entbettung und Entgrenzung.

Leben heißt: blinden Dingen Gesicht sein -
einmal verklärt und einmal verweint.
Für das Unbewegte sich rühren,
für das Wurzelgebundene - gehen,
alles immer Irrende führen
und das viel zu Stumme verstehen ...

Rainer Maria Rilke

Ein kleiner Dialog - an der Sprache merken wir, daß er aus den 70er Jahren stammt - macht uns deutlich, daß ein traditionell geführter Lebensstil schon vor 20 Jahren erklärungsbedürftig war; befindet er sich heute bereits im Rechtfertigungsnotstand oder sind die Verhältnisse und Erwartungen schon wieder andere - oder schon wieder bürgerlich geworden?

Es treffen sich zwei alte Freunde in der Kneipe.

A: „Mann, ist das dufte, mal wieder im Lande zu sein. Wie geht's Euch Ganoven denn allen? Was machen denn zum Beispiel Krögers?

B: Die haben sich lange getrennt. Er lebt mit einer anderen Frau in Sachsenhausen, und wo sie hin ist, weiß ich gar nicht.

A: Ah ja, und die Zierfelds?

B: Da hat's neulich geknallt. Er ist ausgezogen und lebt jetzt in 'ner Wohngemeinschaft. Sie wohnt noch in Dornheim mit Volker - ‘s is‘n Lehrer. Weiß nicht, ob du den noch kennst. Was macht ihr denn?

A: Naja, es ging halt nicht mehr. Susi wohnt jetzt woanders mit ‘nem sehr sympathischen Typ, und ich lebe in der alten Wohnung mit Karin, ‘s is’ ‘ne Diplompsychologin. Und bei Euch? Was ist da?

B: Wir, tja, wir sind noch zusammen, aber verstehst du, wir haben uns das auch schon oft überlegt, wirklich. Aber dann der Junge, und überhaupt, verstehst du, und komischerweise immer wieder, ich weiß nicht, ob du das verstehst, läuft’s prima zwischen uns. Komisch, aber ‘s ist so, verstehst du?

A: Brauchst dich doch nicht zu entschuldigen, ich versteh’ dich doch, mach’ dir nichts draus.“

(Ch. Poth: Mein progressiver Alltag, Rowohlt 1975 S. 24, zitiert nach Nunner-Winkler, Lit. Nr. 18 S. 88-89).

Wer oder was gibt dem Menschen heute noch Orientierung in seinen Beziehungen, in seinem Leben - und wer nähme noch eine solche Orientierung an, die nicht aus der eigenen Autonomie und Selbsterfahrung entstammt und der persönlichen Selbstverwirklichung dient?

Nein. Lebenslaufgestaltung und Identitätsbildung sind heute, mehr als zu jeder anderen Zeit, Prozesse individueller Entscheidungs- und Gestaltungsversuche.

Häufig werden innere Entscheidungs- und Entwicklungsschritte von äußeren Ereignissen, mehr aber noch von Krankheiten und Krisen, angeregt. Zu den inneren Aspekten der menschlichen Biographie zählen die seelischen Erlebnisse, Gefühle und Stimmungen, die sich an den äußeren Ereignissen entzünden, die privaten Bedeutungen und persönlichen Werte, die Prioritäten im individuellen Urteils-und Entscheidungsprozess im Leben.

Krankheiten und Krisen

Krankheiten und Krisen sind Mittler zwischen der äußeren Welt der Fakten und der inneren Welt der Gefühle. Deshalb können wir an Ihnen soviel erkennen und gewinnen.

Nicht die Sterne, nicht unser Geburtsjahr, nicht unser gegenwärtiges Alter, nicht die Ereignisse unseres Lebens, nicht unsere Eltern, nicht unser Einkommen, nicht unsere Vergangenheit sind bestimmend für unseren Lebenslauf - es ist die Art und Weise, wie wir mit all den Chancen unseres Schicksals, ob zufällig oder vorhersagbar, umgehen. Ob wir an Krisen scheitern oder sie meistern; ob wir Krankheiten besiegen oder bewältigen, ob wir Konflikte akzeptieren oder verdrängen, ob wir am Leiden wachsen oder davon überwältigt werden, ob wir an Schicksalsschlägen scheitern oder reifen, das ist in erster Linie eine Frage an die biographische Integrations- und Gestaltungsfähigkeit des Menschen. Eine Frage an seine Ich-Leistungen im Leben.

Ich denke dabei an die ergreifende Schilderung von Jean-Dominique Bauby „Schmetterling und Taucherglocke". Der damals 43-jährige Chefredakteur einer bekannten französischen Frauenzeitschrift erlitt einen Gehirnschlag mit einer Durchblutungsunterbrechung im Bereich des Hirnstamms, was zu schwersten irreversiblen Funktionsausfällen führte, dem sogenannten „Locked-in-Syndrom": Vollständig gelähmt, unfähig zu schlucken und zu sprechen, aller normalen Lebensmöglichkeiten beraubt, ein von Kopf bis Fuß auf Hilfe angewiesener Zustand, ohne Bewegungsmöglichkeit und ohne eine Chance, sich verständlich zu machen. Bis auf das Blinzeln mit einem, dem linken, Augenlid.

„Bis dahin hatte ich nie etwas vom Hirnstamm gehört. An jenem Tag habe ich mit voller Wucht dieses Hauptteil unseres Bordcomputers entdeckt, die wesentliche Verbindung zwischen dem Gehirn und den Nervenenden, als ein Herz-Kreislauf-Zusammenbruch den besagten Stamm abschaltete. Früher wurde das Hirnschlag genannt, und man starb ganz einfach daran. Der Fortschritt der Reanimationstechnik hat die Strafe verfeinert. Man übersteht es, aber in einem Zustand, den die angelsächsische Medizin so treffend „Locked-in-Syndrom" getauft hat: Von Kopf bis Fuß gelähmt, ist der Patient mit intaktem Geist in sich selbst eingesperrt, und das Schlagen des linken Augenlids ist sein einziges Kommunikationsmittel.“ (Bauby, S. 6-7).

Er fühlt sich eingeschlossen in seinem Leib wie in einem Taucheranzug, einer Taucherglocke. Aber sein Geist ist wach und frei und kann „umherflattern wie ein Schmetterling“, leicht und unbeschwert. Diese dramatische Polarität, der Geist als Schmetterling, der Körper eng und gefangen wie in einer Taucherglocke, gibt uns bildhaft nachspürbar die Situation zu verstehen, wie dieser schwerstkranke Mensch sich erlebt und gefühlt hat. Nach wochenlangem Koma schließlich erwacht, entdeckt er als seine einzige „Äußerungsmöglichkeit“: das Blinzeln mit seinem linken Augenlid. Sonst ist er vollkommen gelähmt. Auch das rechte Augenlid.

Unter verständnisvoller Mithilfe einer Logopädin und einer Verlagsmitarbeiterin beginnt der Patient mit Blinzeln des Augenlids sein erstes Buch zu diktieren, den erschütternd-humorvollen, distanziert-intimen Bericht, wie es einem Menschen in diesem eingeschlossenen „Locked-in-Syndrom“ innerlich und äußerlich geht. Eine grandiose Ich-Leistung in gelähmtem Leib: Er bewältigte seine Krankheit, ohne sie besiegen oder überwinden zu können. Er starb wenige Tage nach der Veröffentlichung seines Buches.

Ich denke aber auch an weniger spektakulär gewordenes: An eine Patientin von mir, die ihre Krebserkrankung zum Anlaß einer neuen Selbstverwirklichung genommen hat, und dabei eine innere Freiheit erworben hat, die sie vorher in ihrem Leben nicht gekannt hatte.

Oder ich denke an einen 42-jährigen Patienten, dessen Herzneurose Antrieb für eine entscheidende positive biographische Klärung und Entscheidung wurde. Oder an eine junge 24-jährige Patientin mit einer chronisch-entzündlichen Darmerkrankung, die erst in ihrer Erkrankung zu Ablösung und Selbständigkeit von den Eltern und zu einer eigenständigen Berufswahl gefunden hat. Ich denke auch an viele meiner depressiven Patienten, die durch dieses schmerzvolle schwere seelische Leiden zu einer von ihnen selbst nicht mehr zu missenden Erkenntnistiefe in ihrem Leben gefunden haben und zu wesentlichen Einsichten kommen konnten.

Das sind Ich-Leistungen, positive Identitätsbildungen, herausgefordert durch Krisen und Krankheiten. Was natürlich nicht heißen soll, daß es nicht auch andere Förderungen zu einer gelingenden Identitätsbildung und zu bedeutenden Ich-Leistungen geben kann: Wichtige Begegnungen, Lebensaufgaben oder das wache Miterleben von Natur und Kulturereignissen, wenn wir bereit sind, uns dahinein zu investieren, uns mit Begeisterung und Offenheit, ohne

Angst vor Betroffenheit und Verletzung, einzulassen; wenn wir das Bekannte und das Gewohnte in Frage stellen können für eine neue Entwicklung und Identitätsbildung - ohne Garantie.

Aber es sind auch jene Menschen nicht zu vergessen, deren Erkrankung stärker war als ihr Selbstheilungsvermögen, und bei denen auch therapeutische Hilfen nicht ausreichend wirkten, aus welchen Gründen im einzelnen auch immer. Denn sie erfüllen im Besiegtwerden von einem größeren Geschehen, wie es der schicksalhafte Verlauf einer schweren Erkrankung ist, eine große Ich-Leistung, wenn sie ihren eigenen Tod finden und annehmen können.

Grenzengel

Lehre mich,
mein unverwundbarer Engel,
den sanften Tod
und gönne mir
noch einige Blicke
auf die Gegend,
die mich einstimmte
ins Leben,
dieses aufmuckende Gebirg
hinterm Fluß,
dem Neckar;
drücke mir ein paar Sätze
unter den Gaumen,
die laut werden,
wenn ich die Grenze
übertrete -
lehre mich, mein ausdauernder Engel,
fortzugehen
ohne Widerruf,
so heiter,
daß es dich dauert,
mich zu lassen.

Peter Härtling

Eine Erkrankung zu bewältigen, sie zu überwinden oder mit ihr sinnvoll leben zu können, ist keine Angelegenheit, die der Betroffene alleine leisten muß. Hilfen, und zwar partnerschaftliche Unterstützung und Begleitung, wie auch kompetente Therapien, sind die notwendigen Voraussetzungen, damit Krankheit oder Krise zu einer fruchtbaren Entwicklung in der Biographie werden können, indem sie die gesunden Ich-Leistungen des Betroffenen anregen und fördern. Dies geschieht beispielsweise durch die Erlebnis- und Selbsterkenntnis fördernden aktiven Therapien, wie es Kunsttherapien und Psychotherapien sind.

Neuere biographische Beobachtungen und Untersuchungen (vgl. Literatur Nr. 18, 21, 25) zeigen, daß die früheren Altersangaben von Entwicklungsphasen in den ersten beiden Lebensjahrzehnten einer Akzeleration (Beschleunigung), danach aber einer deutlichen und anhaltenden Dezeleration (Verlangsamung) unterliegen und die Altersangaben der Phasenbeschreibungen deshalb immer ungenauer und die Entwicklungsphasen selbst - mit Ausnahme des Kinder- und Jugendalters - immer länger und individueller werden. Es ist deutlich, daß hier ein Zusammenhang besteht mit der länger gewordenen Lebenserwartung heute (vgl. Tabelle 2 und 3).

DER RICHTIGE ZEITPUNKT

Zwei Untersuchungen aus den 50er und den 70er Jahren haben ergeben, daß unter den Menschen mittleren Alters aus der Mittelschicht nach 20 Jahren erheblich weniger Einigkeit darüber bestand als zu Beginn, welches das richtige Alter für bestimmte Ereignisse und Leistungen im Erwachsenenleben ist.

Unternehmung/Ereignis	Das richtige Alter	Studie der späten 50er Zustimmung in % Männer	Frauen	Studie der späten 70er Zustimmung in % Männer	Frauen
Wann ein Mann heiraten sollte	20-25	80	90	42	42
Wann eine Frau heiraten soll	19-24	85	90	44	36
Wann die meisten Großeltern werden sollten	45-50	84	79	64	57
Wann die meisten die Schule beenden und arbeiten sollten	20-22	86	82	36	38
Wann die meisten Männer sich für eine Berufslaufbahn entscheiden sollten	24-26	74	64	24	26
Wann die meisten Männer ihre Spitzenposition haben sollten	45-50	71	58	38	31
Wann die meisten in den Ruhestand treten sollten	50-65	83	86	66	41
Wann ein Mann die meiste Verantwortung hat	35-50	79	75	49	50
Wann ein Mann das meiste vollbringt	40-50	82	71	46	41
Die Blüte des Lebens für einen Mann	35-50	86	80	59	66
Wann eine Frau die meiste Verantwortung hat	25-40	93	91	59	53
Wann eine Frau das meiste vollbringt	30-45	94	92	57	48

aus: Anne Rosenfeld und Elizabeth Stark: die Krisen und Phasen des Erwachsenen, in: Das Ich im Lebenslauf, Psychologie heute Taschenbuch, Beltz Verlag 1989 S.142:

Bemerkenswert unangemessen für eine psychologisch-wissenschaftliche Untersuchung ist die geradezu katastrophale Einseitigkeit der Betonung und Bevorzugung der Männer bei einigen Fragen. Das war in den 70er Jahren offenbar noch möglich. Heute zeigt sich in dieser Hinsicht, was sich im Laufe von 20 Jahren ändern kann. Zum Glück. Auch die Antworten zu den Altersangaben der Ereignisse fielen in den 90er Jahren wohl anders aus!

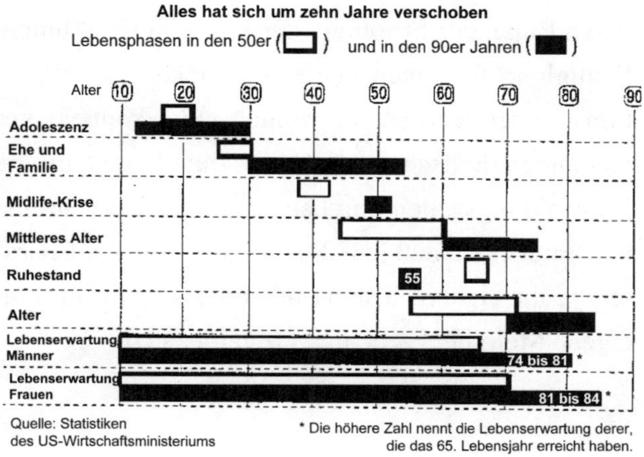

aus: Gail Sheehey „Die neuen Lebensphasen" List Verlag 1996, S 26

Es gibt heute in der aktuellen psychologischen und biographischen Forschung verschiedene Untersuchungen und Theorien darüber, ob der menschliche Lebenslauf sich in Phasen entwickelt oder nicht, und wie lange solche Phasen dauern, und ob sie aufeinander aufbauen oder unabhängig voneinander verlaufen.

Wir wissen aus Biologie, Psychologie und Geschichtswissenschaft, was wir auch in der Biographik beobachten können: Wachstum, Entwicklung und Reifung verlaufen nicht kontinuierlich oder stetig, sondern vielmehr diskontinuierlich, das heißt in abwechselnden Zeiten der Aktivität, der sichtbaren Entfaltung und Veränderung, unterbrochen oder abgelöst von Zeiten der scheinbaren Passivität, der äußeren Ruhe, der Erholung, der Festigung und inneren Sammlung für einen neuen Entwicklungs-, Wachstums-, oder Veränderungsschub. Wir können diese phänomenologisch unterscheidbaren biographischen Entwicklungszeiten durchaus als Phasen beschreiben und entdecken, daß jede Phase ihren eigenen Charakter, ja ihr eigenes Thema der Entwicklung hat, ihre eigene Melodie, Farbe und Gestalt besitzt.

Das Ich im Lebenslauf

Jedes Thema einer Lebensphase wird angelegt, eingeführt, geübt und differenziert, bis es dem Höhepunkt zustrebt, sich erfüllt, um danach hingebungsvoll, aufopfernd, widerstrebend, selbstverständlich oder gewaltsam von einem nächsten Thema, der kommenden Lebensphase, abgelöst oder verdrängt zu werden. Innerhalb eines Phasenverlaufs, der heutzutage von individuell unterschiedlicher Dauer sein kann (anders als früher), kann es zu verschiedenen Strömungen, Hemmungen oder Beschleunigungen kommen, je nach Anlagen, Begegnungen und Ereignissen. Besonders labil und krisenträchtig sind die Zeiten der Phasenwechsel, wenn das alte Thema ausklingt und das neue, noch unbekannt und ungeübt, sich bemerkbar und seinen biographischen Anspruch geltend macht. In diesen Perioden der Entwicklung, den Lebensphasen, ob sie still oder stürmisch vonstatten gehen, ob sie psychische Krisen oder körperliche Krankheiten heraufbeschwören, ob berufliche oder private Veränderungen damit einhergehen, ob Behauptung oder Veränderung angezeigt sind, immer ist es in allen Schritten und Phasen ein und derselbe Mensch, der sich darin auslebt und dadurch entwickelt.

Denn bei allem, was wir im Leben tun und lassen, was wir erleben und erleiden, was wir durchmachen und was andere mit uns durchmachen, geht es doch darum, daß wir uns mit dieser gelebten und erlebten Zeitgestalt ebenso identifizieren und identifiziert werden, das heißt erkennen und erkannt werden, wie wir durch unseren Leib, durch Gang, Haltung, Gesicht, Gestik und Sprache erkennbar und identifizierbar sind.

Zwischen den Altern

Lauf', hol' Dich ein
und sieh' Dir ins Gesicht.
Du warst es lange nicht.
Jetzt kannst Du's sein.

Peter Härtling

In der doppelten Möglichkeit der Identifizierung: in der Anerkennung und Identifizierung an der physisch-leiblichen Gestalt einerseits wie auch in der Identifikation mit der seelisch-biographischen Zeitgestalt als persönlicher Lebenslauf andererseits, offenbart sich der Plastiker, der Gestalter von Leib und Leben (Biographie): Unser Ich.

Weg und Ziel unseres Ich ist es, seine Identität in Leib und Leben zu bilden. Lebenslang. Identitätsbildung mit Risiken und Chancen, ohne Gewähr.

„Ich ohne Gewähr! Denn was ist denn das Ich, was könnte es sein? - Ein Gestirn, dessen Standort und dessen Bahnen nie ganz ausgemacht worden sind und dessen Kern in seiner Zusammensetzung nicht erkannt worden ist. Das könnte sein: Myriaden von Partikeln, die 'Ich' ausmachen, und zugleich scheint es, als wäre Ich ein nichts, die Hypostasierung einer reinen Form, irgend etwas wie eine geträumte Substanz, etwas, das eine geträumte Identität bezeichnet, eine Chiffre für etwas, das zu dechiffrieren mehr Mühe macht als die geheimste Order.“ (Ingeborg Bachmann 1980 S. 42).
Was ist also das Ich?

Jener Stern, der seine Bahn findet, auch wenn keiner sie berechnen kann; dessen Kern leuchtet, auch wenn keiner seine Zusammensetzung kennt. Jene Quelle, die ihren Lauf nimmt, die ihren Fluß bildet und über alle Hindernisse hinweg ihr Ziel findet, auch wenn keiner ihr das zutraut.

„Es ist das Wunder des Ich, daß es, wo immer es spricht, lebt; es kann nicht sterben - ob es geschlagen ist oder im Zweifel, ohne Glaubwürdigkeit und verstümmelt - dieses Ich ohne Gewähr! Und wenn keiner ihm glaubt, und wenn es sich selbst nicht glaubt, man muß ihm glauben, es muß sich glauben, sowie es einsetzt, sowie es zu Wort kommt, sich löst aus dem uniformen Chor, aus der schweigenden Versammlung, wer es auch sei, was es auch sei. Und es wird seinen Triumph haben, heute wie eh und je - als Platzhalter der menschlichen Stimme." (Ingeborg Bachmann, a. a. O., S. 61). Tatsächlich: Das Ich gibt uns Stimme, Sprache, Sinn.

Damit können wir uns ausdrücken und verständigen, kommunizieren, mit anderen ins Gespräch kommen. Auch wenn es nur mit dem Blinzeln eines Augenlides ist.

Im Ich sind wir bei uns - und doch nicht allein; wir sind auf uns gestellt - und dabei nicht verlassen, nicht verloren.

Im Ich liegt das Instrumentarium, Krisen bewältigen und aus Krankheiten produktive Erfahrungen machen zu können, indem wir Sinn erkennen und Sinn geben können - aber auch Unsinn durchschauen und ein „zuviel an Sinn" vermeiden können (dieses zuviel an Sinn, eine übertriebene und unkritische

Sinnsucht, gibt es tatsächlich, wenn man zum Beispiel in allem und jedem eine schwerwiegende Bedeutung vermutet und dabei Leichtsinniges oder Unsinniges nicht als solches nehmen kann).

Im Ich ist die Kompaßnadel zentriert, die uns zwischen Sinn und Unsinn, zwischen Leichtsinn und Schwersinn, zwischen Eigensinn und Opfersinn, zwischen Wahnsinn und Übersinn Orientierung gibt. Das Ich gibt Richtung. Aber keine Gewähr, daß es „die richtige“ ist.

„Ich.“

Sklaverei ertrag’ ich nicht
Ich bin immer ich
Will mich irgendetwas beugen
Lieber breche ich.

Kommt des Schicksals Härte
Oder Menschenmacht
Hier, so bin ich und so bleib’ ich
Und so bleib’ ich bis zur letzten Kraft.

Darum bin ich stetes nur eines
Ich bin immer ich
Steige ich, so steig’ ich hoch
Falle ich, so fall’ ich ganz.

Ingeborg Bachmann,
als 16-jähriges Mädchen gedichtet

Im Ich sind wir ganz Mensch - und ganz frei. Lebenslang bildet das Ich an seiner Identität - in Leib und Leben, in Begegnung und Begrenzung.

Wie vollzieht es sich, wie geschieht unser biographischer Identitätsbildeprozeß?

Identitätsbildung

Identitätsbildung ist Wachstum und Entwicklung des individuellen Ich aus einem unsichtbaren Keim zu sichtbarer Größe und bewußter Gestalt im Lebenslauf. Mit Identität wurde früher wohl einmal der unerschütterliche und unveränderliche innerste Kern eines Menschen gemeint. Sein immer gleichbleibendes - damit identisches - Zentrum. In unserer postmodernen Kultur am Übergang zum 21. Jahrhundert, in einer Zeit, die geprägt ist von rasanten, überwältigenden und vorher in dieser Weise nie gedachten Veränderungen, ja Umwälzungen von noch immer unabsehbarem Ausmaß hat sich dieses Verständnis grundlegend geändert. Als wache Zeitgenossen müssen wir heute unmißverständlich erfahren und zur Kenntnis nehmen, daß der Weg in die Zukunft offen ist und daß es gerade darauf ankommt, nicht gleichbleibend, sondern veränderlich, nicht fest, sondern wandelbar, nicht geschlossen, sondern offen, nicht nur eindeutig, sondern auch vieldeutig, nicht nur konsistent, sondern auch flexibel, nicht nur kohärent, sondern integrativ, nicht beharrlich, sondern entwicklungsfähig zu sein, und dabei - trotz und wegen all dem - ein seelisch-geistiges Kontinuum zu bilden, in Selbstübereinstimmung, Selbstvertrauen und im Bewußtsein der Einzigartigkeit einer individuellen, sich wandelnden Entwicklungsgestalt; eine „geprägte Form, die lebend sich entwickelt", wie es Goethe genannt hat (Goethe: Urworte, orphisch).

Dieses Halten der Pole, diese Schwingungsfähigkeit der Seele ohne sich zu verlieren, dieses die eigene Haltung suchen und bewahren in den Stürmen des Lebens, gilt es heute zu entwickeln und zu üben, wenn wir als Menschen bestehen und unsere Identität finden und bilden wollen. Identitätsbildung heißt heute also nicht in erster Linie Kontinuität, Kohärenz und Konsistenz beweisen, wie das noch in den 50er Jahren stimmte (vgl. Erik H. Erikson, 1973); stattdessen geht es heute um einen in die Zukunft offenen, entwicklungs- und wandlungsfähigen, phantasievoll integrationsbereiten und sensiblen Gestaltbildeprozeß.

Identitätsbildung ist wie ein Mosaik-Bilden: Aus einer Vielfalt vorgefundener und herbeigebrachter Steine, farbige, helle und dunkle, schwarze und weiße, kleine und große, glatte und kantige, runde und spitzige, geschmeidige und rauhe, leuchtende und matte, versuchen wir nach Sichten und Sammeln,

Ordnen und Planen, Wunsch und Geschmack, Vorstellung und Ziel, Versuch und Vorsatz ein Bild zu gestalten. Ein Mosaikbild, das mit jedem neu hinzukommenden Stein noch erweitert wird, das davon lebt und damit wächst, daß der Lebensfluß immer neues Material heranschafft das integriert werden will. Ein Mosaikbild, das sich dadurch auszeichnet, daß seine Gestalt offen und entwicklungsfähig ist, seine Farbigkeit lebendig und wandlungsfähig, sein Sinn und seine Sage vieldeutig ist. Ein Mosaik, das uns anspricht, als Bildner und als Betrachter, das seine Kanten und seine Wunden nicht verbirgt, das nie fertig und doch immer ein Ganzes ist.

Bei aller individuellen Verschiedenheit lassen sich doch drei Grundformen in jedem Identitätsbildungsprozeß beobachten; ergänzt und begleitet von einer vierten Variationsfigur.

Grundform A: Übereinstimmung mit sich selbst.

Bei jedem Versuch, bei jedem Bemühen einer Person um ihre Identitätsbildung wird es aus dem subjektiven Personerleben gar nicht anders sein können, als daß die Person in ihrem Erleben, Tun und Lassen nach einer Übereinstimmung mit sich strebt, um Übereinstimmung mit sich selbst bemüht ist. Das heißt natürlich ganz und gar nicht, daß die Person mit sich zufrieden sein muß - vielleicht sogar im Gegenteil - eher, daß sie/er zu sich sagen kann: Es paßt zu mir, ich erkenne mich darin (in dem Verhalten, der Entscheidung, der Handlung) wieder (auch wenn es mal schmerzlich ist), ich kann und will dazu - und zu den sich daraus ergebenden Folgen - stehen; ja, das ist das Bild, in dem ich mich als verantwortlicher Gestalter wiederfinde, mit dem ich leben kann oder das ich verändern will, so daß es mit mir übereinstimmt.

Grundform B: Anerkennung von anderen

Der Mensch ist nicht als Solist auf der Erde. Wir leben (und arbeiten) mit anderen Menschen zusammen. Wir leben auch für andere - und von anderen. Wir leben in einem mitmenschlichen Umkreis. Also kann Identitätsbildung - so individuell dieser Akt auch ist - niemals eine solistische, einsame, isolierte Angelegenheit sein. Vielmehr kommt es auch darauf an, daß ich bei meinem Versuch, bei meiner Anstrengung um Identitätsbildung - so riskant und unvollständig sie mir auch gelingen (oder mißlingen) mag - von meinen Mitmenschen anerkannt werde. Mindestens ein Mitmensch, der mir wichtig ist, wird meine erstrebte Übereinstimmung mit mir selbst wahrnehmen und ernst nehmen und anerkennen. Erst dann, wenn die Übereinstimmung mit mir selbst - die lebenslang immer wieder neu zu erringen ist - von (einem oder mehreren) Mitmenschen anerkannt wird, kann Identitätsbildung gelingen und kann sich ein positives Identitätserleben einstellen. Wobei es vielleicht noch der Erwähnung bedarf, daß bei jedem Schritt von Anerkennung immer auch ein notwendiges Maß an Übereinstimmung und Abgrenzung von und zu anderen enthalten ist. Ohne Übereinstimmung auf der einen Seite und Abgrenzung auf der anderen entstünde nicht Anerkennung, sondern entweder Selbstauflösung und drohender Identitätsverlust (bei zuviel Übereinstimmung mit anderen) oder (bei zuviel Abgrenzung) Verhärtung und drohende Isolation in Selbsttäuschung und Ignoranz. In beiden Fällen entwickelt sich der Betroffene in eine Identitätskrise.

Grundform C: Integration

Ein Bewußtsein von meiner Vergangenheit und deren Integration in mein gegenwärtiges Leben ist für das Identitätserleben eine wichtige Voraussetzung. Gelegentlich wird allerdings die Erinnerungsfähigkeit mit Identitätserleben gleichgesetzt. Das scheint mir einseitig und unzutreffend. Identitäts-Bildung hat wesentlich mit Zukunft zu tun; sie verwirklicht sich im lebendigen Gestaltungsprozeß meines Ich im Lebenslauf. Ich bilde meine Identität durch Selbstgestaltung meiner Zukunft. Dazu bedarf es tatsächlich einer Integrationsfähigkeit, die sich nicht nur auf Vergangenes und Gegenwärtiges beschränkt, sondern auch Kommendes, das Auf-mich-Zukommende meiner Entwicklung, meines Weges, in meinen

Selbstentwurf und meinen Verwirklichungsversuch von Identitätsgestalt integriert.

Variationsform: Biographische Entscheidungen

Mit biographischen Entscheidungen sind nicht nur die schon genannten Entscheidungen über die wichtigen Fragen im Leben gemeint, sondern ebenso auch die persönlichen Formen von Antworten (Reaktionen), des Umgangs und des Verhaltens auf die Ereignisse, Umstände und Schicksalsbegegnungen im Leben. Für Lebensereignisse wie Glücks- oder Unglücksfälle, sogenannte Zufälle, Begegnungen, Krankheiten und sogenannte Schicksalsschläge haben wir uns ja nicht im vorhinein bewußt entschieden - um so mehr kommt es auf unsere Antworten darauf an. Welche Haltung können wir finden - in welcher Haltung finden wir uns? Dies sind die Zugehörigkeiten zu den biographischen Entscheidungen. Sie bilden die vielfältigen individuellen Variationsmöglichkeiten im Rahmen der Identitätsbildung auf der Grundlage der drei Grundformen: *A Übereinstimmung, B Anerkennung* und *C Integration.*

Identitäts-Bildung ist ein kreativer, ein echt schöpferischer, im ursprünglichen Wortsinn poetischer, biographischer Gestaltbildungsprozeß; zum Teil bewußt, zum Teil unbewußt. Er hat existentielle

Bedeutung. Seine Risiken sind offensichtlich und ohne Grenzen;

A: mißlingende Übereinstimmung; „ich kann nicht zu mir stehen";

B: Probleme bei der Anerkennung; „wer sieht und anerkennt mich wie ich bin?";

C: Schwierigkeiten bei der Integration; „ich weiß nicht, was meine Krankheit von mir will, was soll ich mit ihr anfangen?"

D: die verschiedenen Formen von Fehlentscheidungen, Pseudo-Entscheidungen und Nicht-Entscheidungen.

Bei allen Risiken liegen die Chancen darin, durch sie an Wachsamkeit, Bewußtheit und Verantwortung für die eigene Identitätsbildung zu gewinnen. Und die Möglichkeit einer zukunftsoffenen Gestalt zu entdecken. Identitäts-Bildung ist ein lebenslanger Schöpfungsakt des Ich aus dem Dunkel des Leibseins an den hellen Tag der Biographie.

Identitätsbildung heißt, seinem Ich Stimme geben, mit dem unverwechselbaren einzigartigen Klang, Stimme, die eine Geschichte erzählt, meine Geschichte, mit dem unverwechselbaren Verlauf; Stimme, die ein Lied singt, mein Lied, mit der einmaligen Melodie; Stimme, die ein Gedicht spricht aus noch nie gehörten Worten. Stimme meines Ich, Sprache meines Wesens, Sinn meines Lebens.

Ein 55-jähriger Patient erlebte sich wiederholt in privaten und beruflichen Konfliktsituationen so verunsichert und schwach, daß er in den Auseinandersetzungen wortlos wurde und sich nicht mehr behaupten konnte: „Ich verliere meine Identität - ich werde wortlos." Er fühlte sich in seinem Verhalten nicht mehr identisch mit sich. Es war ihm, als stände er neben sich, als könnte er sich nicht mehr in seinem Sinne verwirklichen. Er zog sich zurück, ließ mit sich machen und geschehen, ohne einzugreifen, ohne sich zu wehren, ohne sich zu behaupten, dabei mit dem wachen Bewußtsein seines zunehmenden Identitätsverlusts. Nach solchen Situationen, allein mit sich, führte er laute Selbstgespräche mit emotionaler Kraft. Dies befreite seine aufgestaute Frustration und Aggression und tat ihm gut; aber es gab ihm noch keine Klarheit und Sicherheit über sich selbst. Erst wenn er sich im Anschluß an die befreienden Selbstgespräche auch noch hinsetzte und seine Gedanken und Beweggründe niederschrieb, wenn er um deutliche, klare Worte rang und damit seinem Ich Stimme geben konnte, fand er zu seiner Übereinstimmung mit sich, zu seiner Identität zurück. „Wenn ich im Schreiben meine Worte fand, habe ich mich wieder identisch gefühlt."

In dem Maße, wie der Entscheidungsrahmen in beruflichen und privaten Bereichen heute größer, wie der Entscheidungsprozeß heute komplizierter, wie die Entscheidungsgrundlagen heute vielfältiger und schwieriger und die Entscheidungsmöglichkeiten heute freier werden, in dem Maße können uns die im Zusammenhang mit biographischen Entscheidungen auftretenden Krisen und Krankheiten Chancen sein, den gefährdeten Prozeß der Identitätsbildung zu bestehen.

Ich bin nicht ich.
Ich bin jener,
der an meiner Seite geht, ohne daß ich ihn erblicke,
den ich oft besuche,
und den ich oft vergesse.
Jener, der ruhig schweigt, wenn ich spreche,
der sanftmütig verzeiht, wenn ich hasse.
Der umherschweift, wo ich nicht bin,
der aufrecht bleiben wird, wenn ich sterbe.

Juan Ramón Jiménez

Literaturverzeichnis

1	Bachmann	Ingeborg	Das dreißigste Jahr. Erzählungen. München 1970
2	Bachmann	Ingeborg	Frankfurter Vorlesungen. Probleme zeitgenössischer Dichtung. München 1980
3	Bachmann	Ingeborg	Sämtliche Gedichte. München - Zürich 1998
4	Bauby	Jean-Dominique	Schmetterling und Taucherglokke. München 1997
5	Blankenburg	Wolfgang	Biographie und Krankheit in: Karl Ernst Bühler (Hg.) Zeitlichkeit als psychologisches Prinzip. Köln 1986
6	Blankenburg	Wolfgang (Hg.)	Biographie und Krankheit. Stuttgart 1989
7	Buber	Martin	Ich und Du in: Das dialogische Prinzip, Heidelberg 1997
8	Burkhardt	Gudrun	Das Leben in die Hand nehmen. Stuttgart 1992
9	Erikson	Erik H.	Identität und Lebenszyklus. Frankfurt 1973
10	Guardini	Romano	Die Lebensalter. Mainz 1986
11	Härtling	Peter	Die Gedichte, 1989 Das Land, das ich erdachte, 1993
12	Hölderlin	Friedrich	Gedichte
13	Jiménez	Juan Ramón	Herz, stirb oder singe. Zürich 1977
14	Jüttemann Thomae	Gerd / Hans (Hg.)	Biographie und Psychologie. Berlin-Heidelberg 1987
15	Keupp Höfer	Heiner/ Renate (Hg.)	Identitätsarbeit heute. Frankfurt 1998
16	Lauenstein	Diether	Der Lebenslauf und seine Gesetze. Stuttgart 1985
17	Lievegoed	Bernhard	Lebenskrisen - Lebenschancen. München 1979
18	Psychologie heute	Taschenbuch	Psychologie heute: Das Ich im Lebenslauf. Weinheim 1989
19	Rilke	Rainer Maria	Gesammelte Werke in 6 Bänden. Frankfurt 1987
20	Sheehy	Gail	In der Mitte des Lebens. München 1989

21	Sheehy	Gail	Die neuen Lebensphasen. München 1996
22	Steiner	Rudolf	Die Offenbarungen des Karma. GA 120 Dornach
23	Steiner	Rudolf	Vom Lebenslauf des Menschen. Themen aus dem Gesamtwerk Band 4. Herausgegeben von Erhard Fucke, Stuttgart.
24	Treichler	Markus	Sprechstunde Psychotherapie. Stuttgart 1993
25	Treichler	Markus(Hg.)	Biographie und Krankheit. Stuttgart 1995
26	Treichler	Markus	Mensch, Kunst, Therapie. Stuttgart 1996
27	Treichler	Markus(Hg.)	Den Sinn des Todes fassen. Stuttgart 1996
28	Treichler	Markus	Neue Zeiten, Neue Leiden. Stuttgart-Berlin 1998
29	Treichler	Rudolf	Die Entwicklung der Seeele im Lebenslauf. Stuttgart
30	Wais	Matthias	Biographiearbeit und Lebensberatung. Stuttgart 1992
31	Zweig	Stefan	Menschen und Schicksale. Frankfurt.

Heidenheimer Vorträge

Marcus Schneider

Rätsel und Werk Giuseppe Verdis

Eine Schicksalsstudie

1.Auflage Juli 1999, kartoniert
ISBN 3-934104-01-0

Christa-Johanna Bub-Jachens

Warum haben wir immer weniger Zeit ?

Das Geheimnis der Rhythmen

1.Auflage September 1999, kartoniert
ISBN 3-934104-02-9

AmThor